Weltgeschichte für junge Leser

In dieser Reihe sind bisher erschienen:

WELTGESCHICHTE FÜR JUNGE LESER

Das Leben der Schüler
im Mittelalter

DANIÈLE ALEXANDRE-BIDON

Aus dem Französischen von
Cäcilie Plieninger

KNESEBECK

Inhaltsverzeichnis

Einführung

I n den Schulen des Mittelalters* ging es ganz anders zu als heute. Jungen und Mädchen lernten nicht gemeinsam, und es gab auch keine festen Lehrpläne. Die meisten Schüler besuchten nur wenige Monate eine Schule und wohnten während dieser Zeit sogar manchmal bei ihrem Schulmeister. Weil sie weder Bücher noch Hefte besaßen, mussten die Schüler den gesamten Stoff auswendig lernen. Und um jeden Sonnenstrahl auszunutzen, da es kein künstliches Licht gab, begann der Unterricht schon bei Tagesanbruch, im Sommer also schon um fünf Uhr früh!

Die Geschichte des europäischen Schulwesens beginnt im Jahr 789. Damals gab es nur wenige Schulen. Kaiser Karl der Große, der selber nicht lesen und schreiben konnte, nahm sich vor, möglichst vielen Kindern kostenlosen Unterricht zu ermöglichen. Deshalb gab er eine Admonitio generalis* (»Allgemeine Ermahnung«) an alle kirchlichen und weltlichen Würdenträger aus und forderte darin Kirchen und Klöster auf, überall im Reich Schulen zu gründen. Karls Ziel war es, über die Schulen den christlichen Glauben zu verbreiten.

8

▶ Der Schäferjunge treibt mit dem Hirtenstab die Schafe zusammen. Bauern schickten ihre Kinder selten zur Schule.

Leider wurde sein Plan nur langsam in die Tat umgesetzt. Vor allem in den ländlichen Gebieten entstanden nur wenige Schulen, die oft schon nach kurzer Zeit wieder geschlossen wurden. Aus diesem Grund konnten in den folgenden 300 Jahren die Kinder einfacher Leute nur selten eine Schule besuchen. Auf den Burgen erhielten die Kinder adliger Herkunft Unterricht bei Privatlehrern, und in Klöstern und Domschulen wurden Mönche und Priester ausgebildet.

Im Spätmittelalter, vom dreizehnten Jahrhundert an, schossen dann die Schulen geradezu wie Pilze aus dem Boden, und bald gab es in allen größeren Dörfern zumindest eine Grundschule.

Gegen Ende des Mittelalters entstanden auch in ländlichen Gebieten erste Lateinschulen*, in denen Latein und Griechisch unterrichtet wurde.

9

▲ Karl der Große wurde im Jahr 800 zum römischen Kaiser gekrönt.

* Die mit einem Stern versehenen Wörter findet ihr im Glossar auf den Seiten 48–49.

► Die Bauern finden das Lesen offenbar nicht so wichtig: Mit einem Besen kehren sie die Buchstaben weg.

Die Analphabeten

Im Frühmittelalter* waren die meisten Menschen Analphabeten*, das heißt, sie konnten weder lesen noch schreiben. Das war für sie im Alltag kein Problem, denn sie lebten in einer schriftlosen Welt. Ausrufer verkündeten Wein- und Brotpreise, Neuigkeiten, Hochzeiten, Veranstaltungen und Todesfälle. Glocken schlugen die Uhrzeit. Nur wenige Menschen konnten die Uhr lesen, aber fast alle

10

▶ Der Schulmeister schimpft mal wieder! Kinderzeichnung aus dem dreizehnten Jahrhundert.

konnten zählen! An den Läden, Ständen und Werkstätten verrieten Bildsymbole den Menschen, was verkauft oder hergestellt wurde. Der Fischverkäufer hatte einen Fisch auf seinem Schild, der Schmied einen Amboss. Verträge und Testamente wurden vom Schreiber aufgesetzt oder vom Notar bestätigt.

Die Menschen, die nicht lesen konnten, hatten dafür ein sehr gutes Gedächtnis. Sie merkten sich Liedtexte und Psalmen, Gebete und Märchen. Und sie behielten den genauen Wortlaut von Kaufverträgen oder Testamenten jahrelang im Kopf!

Bereits seit dem Jahr 529 waren alle Geistlichen verpflichtet, einen oder mehrere Knaben, die Priester werden wollten, bei sich aufzunehmen und zu unterrichten. Auch Bauern, die ihren Söhnen eine bessere Zukunft wünschten, schickten die Knaben in die Schule, damit sie Priester werden konnten.

Knaben, die von ihrem Pfarrer das Alphabet aus lateinischen Texten lernten, verstanden oft nicht, was sie lasen. Da es noch keinen Buchdruck* gab, die Bücher also von Hand abgeschrieben wurden, waren sie sehr kostbar und teuer. Ein Buch war so viel wert wie eine ganze Kuhherde. Deshalb besaßen einfache Leute keine Bücher. Die gab es vor allem in den Klöstern, in denen sie auch abgeschrieben und illustriert wurden.

Als Karl der Große seine »Allgemeine Ermahnung« ausgab, hatte er allerdings nicht vor, allen Kindern das Lesen und Schreiben beizubringen: Die Mädchen spielten in seinem Plan keine Rolle. Nur die angehenden Nonnen, die den Klöstern anvertraut wurden, erhielten eine gründliche Ausbildung: das Lesen lateinischer Texte, Singen, Nähen und Sticken.

◀ Ein junger Adliger hat ein Anrecht auf einen Hauslehrer. Ist es eine Frau, achtet sein Vater darauf, dass sie klug, alt und hässlich ist.

In der mittelalterlichen Stadt brachten die Ladenbesitzer bebilderte Schilder oder Gegenstände über dem Eingang an, damit sich die Menschen, die nicht lesen konnten, schnell zurechtfinden konnten. Hier hat ein Barbier Rasierschalen aufgehängt, um auf sein Geschäft aufmerksam zu machen.

An der Hofschule Kaiser Karls des Großen wurden gegen Ende des achten Jahrhunderts nur die Knaben unterrichtet, die zu hohen Ämtern bestimmt waren. Man wählte sie nach ihren Fähigkeiten oder ihrer adligen Herkunft aus.

Erst im dreizehnten Jahrhundert, als der Handel blühte und die Schrift immer wichtiger wurde, wurde es für die Menschen notwendig, lesen, schreiben und rechnen zu lernen. Das Abschließen von Geschäften, das Berechnen von Material oder Preisen, das Aufsetzen von Kaufverträgen wurde alltäglich. Und mit Erfindung des Buchdrucks gab es sogar Flugschriften, eine Art früher Zeitung.

Auch nach dem dreizehnten Jahrhundert, als die Zahl der Schulen zunahm, gingen längst nicht alle Kinder zur Schule. Die Söhne armer Bauern mussten bei der Feldarbeit helfen, und nur ganz wenige Mädchen konnten eine Schule besuchen, die von einer Lehrerin geleitet wurde. Die meisten lernten ihre Gebete auswendig, ohne lesen zu können. Selbst in den Städten gab es kaum Schulen für Mädchen.

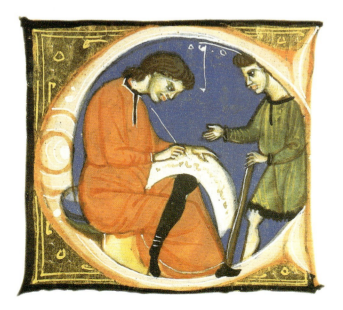

Wer nicht schreiben konnte, ging zu einem Schreiber. Der ließ sich für seine Dienste natürlich bezahlen.

12

Lubin,
der kleine Schäfer

Lubin ist sieben Jahre alt. Als Sohn eines Bauern ist es seine Aufgabe, die Schafherde zu bewachen. Er träumt davon, eines Tages lesen zu lernen, doch im siebten Jahrhundert gibt es noch keine Schulen für einfache Leute wie ihn.

Eines Morgens kommt ein Wandermönch vorbei und unterhält sich mit Lubin. Die Wandermönche ziehen durch ganz Europa. Keine Heimat zu haben ist für sie ein Ausdruck ihres Glaubens. Dem Mönch fällt Lubins Lernbegierde auf. Er schenkt ihm einen ganz besonderen Ledergürtel: Lubin kann damit die Buchstaben lernen, denn auf dem Gürtel ist das gesamte Alphabet eingraviert. Mit einem spitzen Gegenstand kann er außerdem die Vertiefungen nachfahren und die Bewegungen mit einem Stöckchen wiederholen. So lernt Lubin schreiben.

▲ Der kleine Schäfer Lubin geht nicht zur Schule. Er lernt mithilfe eines Gürtels, in den das Alphabet eingraviert ist, lesen.

Die Begegnung mit dem Wandermönch verändert Lubins Leben. Er möchte auch Mönch werden. Weil er lernbegierig und scharfsinnig ist, wird er in einer großen kirchlichen Schule in der französischen Stadt Arles aufgenommen. Er ist ein guter und fleißiger Schüler. Aus dem ungebildeten kleinen Schäfer wird ein großer Kirchenmann. Er stiftet der Stadt Arles ein Kloster und wird sogar zum Bischof von Chartres erhoben. Zu verdanken hat er alles dem ABC-Gürtel, den der Wandermönch ihm einst geschenkt hat.

◀ Lubin übt sich im Lesen, während er die Schafe hütet. Sein Kamerad trinkt derweil lieber Wein!

▶ Die jungen Adligen brauchen sich nicht in überfüllten Unterrichtsräumen zu drängen. Sie haben eigene Bücher und einen Privatlehrer.

Die Schulen

◀ Unter der Aufsicht des Kantors, also des Chorleiters, üben drei Novizen das Singen.

Im frühen Mittelalter, im fünften und sechsten Jahrhundert, gab es Schulen nur in Klöstern. Auch in den folgenden fünfhundert Jahren blieben die Klöster die wichtigsten Ausbildungsorte. Oft lagen sie ziem-lich abgelegen auf dem Land, und die Äbte nahmen meist nur etwa fünfzehn Knaben ab sechs Jahren auf. Die Klosterkinder kamen aus allen gesellschaftlichen Schichten, aus Adels- oder auch Bauernfamilien.

Der Schulbesuch war kostenlos. Die Kinder lernten, die lateinische Bibel zu lesen und Psalmen zu singen. Sie sollten Mönche werden und wurden von ihren Eltern »Gott übergeben«. Viele Eltern wollten auf diese Weise ihre kränklichen Söhne vor den Härten des Lebens bewahren. Nach dem Eintritt verließen sie das Kloster nicht mehr und sahen auch ihre Eltern nie wieder.

In manchen Klöstern gab es noch eine zweite Schule. Sie war den Kindern von Adligen oder Kaufleuten vorbehalten. Diese Kinder durften nach Beendigung ihrer Ausbildung im Alter von etwa zwölf Jahren wieder heimkehren.

▼ Ab dem Jahr 1500 saßen die Schüler auf Bänken. Davor mussten sie mit dem Boden vorliebnehmen.

Bis zum dreizehnten Jahrhundert gab es außerdem noch Domschulen, die an Bischofssitzen gegründet wurden. In diesen Schulen lernten einige Knaben ab sechs Jahren Latein, um Priester zu werden. Jungen, die eine schöne Singstimme hatten, konnten in den Knabenchor des Doms eintreten. Dort blieben sie, bis sie in den Stimmbruch kamen.

Bis ins zwölfte Jahrhundert hinein erhielten neben den Kindern, die in die Obhut der Kirche gegeben wurden, nur die Adligen eine Ausbildung. Hauslehrer unterrichteten die Jungen und Mädchen zwischen sechs und zwölf Jahren auf der Burg. Die Kinder einfacher Leute aus den Dörfern und Städten lernten beim Geistlichen zwar Gebete und einige Psalmen auswendig, konnten aber weder lesen noch schreiben. Man nennt diese

Schulen Pfarrschulen, weil sie vom Pfarrer geleitet wurden.

Im zwölften und vor allem dann im dreizehnten Jahrhundert blühten die Städte und mit ihnen die Berufsverbände, die man Zünfte nennt. Die Händler und Handwerker gründeten für ihre sechs- bis zwölfjährigen Kinder sogenannte Winkelschulen*. Fast in jedem Stadtviertel und in nahezu jedem größeren Dorf wurde eine Winkelschule eröffnet, die höchstens 40 Schüler aufnahm. Die Kinder erhielten gegen Bezahlung eine Grundausbildung, lernten lesen, schreiben und rechnen. Noch immer war auch der Religionsunterricht wichtig, doch das Ziel der Ausbildung hatte sich verändert. Die Jungen sollten nicht mehr Priester werden, sondern gute Handwerker und Kaufleute, denn sie mussten für ihren

▲ Der junge Adlige Alexander sitzt in der väterlichen Burg auf einem Schemel. Er hört seinem Hauslehrer zu, der eigens für ihn angestellt ist.

◄ In einem überfüllten Unterrichtsraum liest ein Knabe aus dem Buch seines Schulmeisters.

Beruf mittlerweile auch lesen, schreiben und rechnen können. Auch die Bürger richteten in den Städten Schulen ein, in denen ihr Nachwuchs auf den Beruf vorbereitet wurde. Daneben gab es Lateinschulen*, die überwiegend künftige Priester ausbildeten.

Die Schulen waren zwar nicht gemischt, doch es gab auch Schulen für Mädchen. Die Lehrerinnen dieser Einrichtungen waren Frauen, die nicht der Kirche angehörten.

▼ Im Spätmittelalter schickten viele Bauern und Handwerker ihre Kinder zur Schule. Sie sollten es einmal besser haben als ihre Eltern. Hier üben sich zwei Lehrlinge bei einem Notar im Schreiben.

Mit der Ausbreitung der Winkelschulen nahm die Zahl der Kloster- und Domschulen ab. Die Klöster wollten bald überhaupt keine Kinder mehr aufnehmen, weil sie angeblich die Ruhe und Andacht störten.

Nun konnten alle Kinder unabhängig von ihrer Herkunft eine Grundschule besuchen. Weil aber die Eltern Schulgeld bezahlen mussten, gingen die meisten Kinder aus armen Familien immer noch nicht zur Schule.

Weiterhin gab es neben den öffentlichen Schulen auch Privatlehrer, die von Adligen angestellt wurden. Gegen ein Honorar nahmen manche Lehrer auch Söhne von Bauern oder Handwerkern in Pension, um ihnen das Lesen und Schreiben beizubringen. Handwerker, die zusammen mit ihren Kindern lesen und schreiben lernen wollten, stellten dafür Studenten an. Man weiß nicht genau, wie viele Kinder am Ende des Mittelalters lesen und schreiben lernten. Es wurde jedenfalls immer wichtiger, vor allem für die Knaben.

Ehe um 1450 der Buchdruck* erfunden wurde, wurden Bücher von Hand abgeschrieben. Dieser Schüler hat das Glück, ein Buch zu besitzen.

Eine Schreibtafel aus Holz. Sie war ursprünglich mit Wachs beschichtet.

Die Schüler tragen ihre Wachstafel am Gürtel.

Ein Vater gibt seinen Sohn im Kloster ab und bezahlt für den Unterhalt. Ein Mönch wird beauftragt, sich um das Kind zu kümmern.

Franz,

Novize in der Klosterschule

Franz ist traurig. Seine Eltern bringen ihn ins benachbarte Kloster. Bei seiner Geburt wäre Franz fast gestorben, und er ist mit seinen sechs Jahren immer noch sehr oft krank. Weil seine Eltern fürchten, dass ein Leben als Kaufmann zu hart für ihn ist, haben sie bestimmt, dass er Mönch werden soll. Aber Franz vermisst schon jetzt seine Geschwister und seine Spielsachen, die er niemals wiedersehen wird.

Seine Eltern begleiten ihn bis zur Klosterpforte. Franz' Vater, ein Kurzwarenhändler, hat eine Geldbörse dabei, um die Klosterausbildung seines Sohnes zu bezahlen. Obwohl er nicht dazu verpflichtet ist, will er zum Lebensunterhalt seines Sohnes etwas beisteuern. Franz legt ein langes Gewand an, küsst seine Familie zum Abschied und betritt das geheimnisvolle Kloster. Die Familie darf ihn nicht hineinbegleiten, weil Laien, also Nichtgeistlichen, das Betreten verboten ist.

Franz hat sich das Kloster wie ein Gefängnis vorgestellt. Doch nun wird er in einen Kreuzgang geführt, von dem aus er in den Garten sehen kann. So einen Garten gibt es sonst nur in Burgen. In der Mitte steht ein steinerner Brunnen, es wachsen Blumen und Kräuter, Vögel singen.

Ein Mönch holt den Jungen ab. Er streicht Franz über die Haare, die man ihm bald abschneiden wird. Denn wie alle Novizen* wird Franz eine Tonsur erhalten, also oben rund um den Scheitel geschoren werden. Der Mönch bringt Franz zur Schule.

der Ausbildung der Novizen beauftragt ist. Die Kinder sitzen auf dem Boden um ein Feuer herum, das den Raum erwärmt, und lauschen seinen Worten.

Die Schule befindet sich in einiger Entfernung zur Kirche, damit die Mönche beim Gebet nicht vom Lachen der Kinder gestört werden. An die Wände des Klassenzimmers ist das Alphabet gemalt. Nur ein Holzstuhl mit hoher Rückenlehne steht im Raum. Darauf sitzt der Mönch, der mit

Drei Stunden am Tag wird Franz nun lernen und laut den lateinischen Text der Bibel lesen. Noch ist es nicht üblich, leise zu lesen. Vor und nach dem Unterricht nehmen die Schüler an den Gottesdiensten teil und arbeiten im Klostergarten. Nur von den nächtlichen Kirchenbesuchen sind sie befreit. Sie müssen lernen, geräuschlos und mit gesenktem Haupt in Reih und Glied zu gehen, die älteren Mönche zu grüßen und alle Klosterregeln einzuhalten. Dazu gehört das Schweigegebot. Um sich im Speisesaal oder in der Kirche lautlos zu verständigen, müssen die Schüler eine Zeichensprache erlernen.

Franz fürchtet, dass er sich nie an dieses Leben gewöhnen wird. Wenn er wirklich nicht Mönch werden will, ist es ihm gestattet, nach Hause zurückzukehren und einen Beruf zu ergreifen. Seit dem zwölften Jahrhundert dürfen Kinder, die sich nicht von Gott berufen fühlen, im Alter von zwölf Jahren dem Mönchsleben entsagen, das ihre Eltern für sie vorgesehen haben.

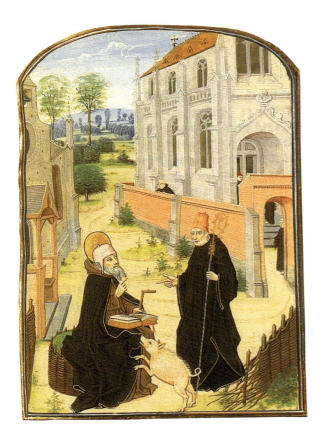

◄ Der Abt empfiehlt dem Schulmeister, der die Novizen unterrichtet, im Unterricht Milde walten zu lassen.

▲ Ein Novize hilft beim Servieren der Speisen. Die Mönche sind zum Schweigen verpflichtet. Sie verständigen sich deshalb mittels einer Zeichensprache.

▶ Eine Vorlesung an der Universität. Ab dem 14. Jahrhundert gab es Pulte, und die Studenten mussten nicht mehr auf dem Boden sitzen.

Die Universität

Anfang des dreizehnten Jahrhunderts entstand eine neuartige Bildungseinrichtung: die Hochschule oder Universität*. Zunächst wurde dort nur Theologie*, also Religionslehre, unterrichtet, denn es war Aufgabe der Universität, Priester und andere wichtige Geistliche auszubilden. Frauen hatten keinen Zutritt zur Hochschule. In Bologna, Paris, Oxford und vielen anderen europäischen Universitäten entstanden bald auch andere Fächer, etwa Jura* und Medizin. Studenten aus aller Herren Länder durchwanderten bettelnd Europa, um die großen Universitäten zu besuchen.

Im Jahr 1348 gründete der König von Böhmen und spätere deutsche Kaiser Karl IV. die Karls-Universität in Prag. Das war die erste deutschsprachige Einrichtung im heutigen Mitteleuropa. Nach dem Vorbild von Paris wurden dort Theologie, Jura, Medizin und die Künste unterrichtet.

In den ersten Universitäten fand der Unterricht noch an einem beliebigen Ort statt, etwa in einem einfachen Haus, das von einem Lehrer gemietet wurde. Die Studenten saßen auf dem Boden und folgten dem Unterricht, ohne etwas mitzuschreiben. Oft war der Raum zu klein, um alle Studenten aufzunehmen.

Wer keinen Platz fand, hörte durchs Fenster oder durch die geöffnete Tür zu. Manche Lehrer unterrichteten sogar auf der Straße. Die große Ansammlung junger Leute führte natürlich zu Problemen. Es kam zu Prügeleien, und man musste den Studenten verbieten, eine Waffe zu tragen. Dafür standen sie unter dem Schutz des Königs, und keiner durfte ihnen etwas zuleide tun. Eine Universitätsausbildung war kostspielig: Der Student musste eine Wohnung mieten und Lebensmittel, Bücher, Tinte und Pergament* kaufen.

Für Studenten, die aus sehr armen Familien stammten, stifteten reiche Wohltäter Kollegien*, in Deutschland auch sogenannte Bursen*. Sie nahmen kostenlos begabte junge Männer aus dem Bauernstand auf, die Priester werden wollten, weil das für sie einen gesellschaftlichen Aufstieg bedeutete. Daneben hatten sie auch zahlende Schüler aus Adels- oder Kaufmannsfamilien, die ihre Kenntnisse vertiefen oder sich auf eine führende Stellung in der Kirche oder der Verwaltung vorbereiten wollten. Im Paris des dreizehnten Jahrhunderts gab es über 50 Kollegien. Darunter war auch ein Internat, das Robert de Sorbon gestiftet hatte: Nach seinem Kolleg Sorbonne wurde später auch die berühmte Universität Sorbonne benannt.

▲ An der medizinischen Fakultät* erläutert der Lehrer die Wirkung von Heilkräutern.

23

Die Pflichten eines Studenten im Kollegium

Der Student zündet zu
Ehren der Jungfrau Maria
die Lampe an und gibt den
Armen zu trinken.

Er fegt den Boden
vor dem Altar.

Er verteilt die Bücher
an seine Mitstudenten.

Er läutet die Glocke
zum Gebet, reinigt den
Vogelkäfig und füttert
die Vögel.

Thomas,

Student in der Burse

Ein Student betet ein »Ave-Maria« (»Gegrüßet seist du, Maria«).

Thomas hatte Glück: Er ist in die Burse der Universität aufgenommen worden. Dort bekommen die Studenten ein Bett und eine ausreichende Verpflegung. Dafür müssen sie an Prozessionen und religiösen Festen teilnehmen und bei Verstorbenen die Totenwache halten. Einige Mitstudenten von Thomas sind zahlende Gäste, andere bringen Holz fürs Feuer und Wasser oder Wein für die Mahlzeiten mit.

Thomas hat ein Stipendium und braucht deshalb für Verpflegung, Kleidung, Schuhe und Unterkunft nichts zu bezahlen. In dieser Woche hat er Haushaltsdienst: Er füllt die Öllampen, fegt die Kapelle, füttert die Vögel, räumt die Bücher auf und läutet die Glocke, die die Studenten zum Essen ruft.

Thomas steht um fünf Uhr morgens auf und arbeitet bis um fünf Uhr abends in der Bibliothek. Er kann keine Bücher mit auf sein Zimmer nehmen, weil sie mit Ketten an den Regalen befestigt sind. Thomas ist erst dreizehn Jahre alt und weiß noch nicht, welchen Beruf er einmal ergreifen wird: Priester, Notar, Arzt oder Beamter. Sein Vater ist Bauer. Dank seines Studiums wird Thomas auf der gesellschaftlichen Leiter nach oben klettern.

Bücher waren selten und kostbar. Damit sie nicht verloren gingen oder gestohlen wurden, kettete man sie an die Regale.

Der Schulraum

Die Winkelschulen waren oft in einem einfachen Wohnhaus untergebracht – in einem Winkel eben. Meist bestanden sie aus einem Unterrichtsraum, einem Zimmer für den Schulmeister, auch Winkelmeister genannt, und manchmal einem zweiten Raum für Pensionsschüler, die dort auch übernachteten. Die Schule unterschied sich von anderen Häusern nur darin, dass ein Pergament an der Eingangstür hing, auf dem stand, wie lang der Unterricht dauerte und was er kostete.

In der Klasse waren Kinder aller Altersstufen. Die Älteren halfen den Jüngeren. Nur der Schulmeister hatte einen Stuhl oder einen Sessel mit hoher Rückenlehne. Es gab jedoch kein Pult, und der Lehrer legte sein Buch einfach auf die Knie. Wenn er ein Kind abfragte, trat es nach vorn und sagte mit lauter Stimme seine Lektion auf. Die Schüler besaßen keine Bücher. Bücher waren sehr teuer, weil sie von Hand abgeschrieben werden mussten. Der Buchdruck wurde erst im Jahr 1450 erfunden, also im Spätmittelalter*. Die Schüler hatten auch keine Hefte, sondern ritzten mit einem Stilus* in das Wachs einer Wachstafel oder schrieben später mit dem Griffel* auf eine Schiefertafel. Der Stilus war hinten abgeflacht, damit man das Wachs anschließend wieder glätten konnte. Manchmal beschrieb der Lehrer für die Schüler eine große Wachstafel. Die Schüler lasen dann gemeinsam die Lese- oder Rechenaufgabe. Ihre Schulsachen bewahrten sie in einem Lederbeutel auf, den sie am Gürtel oder an einem Riemen über der Schulter trugen.

Da es weder Pulte noch Sitzbänke gab, breitete der Schulmeister im Unterrichtsraum eine Lage Stroh aus, auf die sich die Schüler setzten. Erst gegen Ende des Mittelalters hatten die älteren Schüler eine niedrige Bank, an der sie knieten und schrieben. Die Wände waren kahl.

Die Schule war meist schlecht beheizt und unzureichend beleuchtet. Glasfenster waren im Mittelalter eine Seltenheit. Damit die Kälte nicht hereinkam, wurden die Fenster im Winter mit Holzläden verschlossen. Weil das Tageslicht nicht ausreichte, gab der Schulmeister den Kindern auch im Sommer Öllampen, um den Unterrichtsraum zu erhellen.

▼ In einer Winkelschule sitzen die Kinder während des Unterrichts auf Stroh. Nur wenig Licht erhellt die Stube.

▶ Ein Schüler übt zu Hause das Alphabet. Seine Schulsachen bewahrt er in einem Beutel auf, der neben seinen Füßen liegt.

Schulstunden fanden für gewöhnlich nur einige Monate im Jahr statt. Um das natürliche Licht auszunutzen, arbeitete man im Sommer von fünf Uhr morgens bis fünf Uhr abends. Pausen gewährte der Schulmeister nur dann, wenn ein Edelmann der Schule einen Besuch abstattete. Zum Spielen musste ein kleiner Hinterhof ausreichen.

Einen Speisesaal gab es nicht. Die Schüler aßen gemeinsam mit dem Schulmeister vor dem winzigen Kamin in seinem Zimmer. Die Kinder, die abends wieder nach Hause gingen, brachten Suppe, Käse und Brot mit, während die Pensionsschüler von der Magd oder Frau des Schulmeisters verpflegt wurden. In den

Kollegien und Bursen aßen die Schüler mittags gemeinsam im Speisesaal. Sie konnten Freunde einladen, wenn sie ihre Mahlzeit bezahlten oder ihre Ration mit ihnen teilten.

Die Unterrichtsräume der Lateinschulen und der ersten Universitäten sahen im Hochmittelalter* kaum anders aus als die der Winkelschulen. Der Schulmeister saß auf einem Stuhl oder einem erhöhten Podest. Die Studenten saßen auf dem nackten Boden oder auf Strohbündeln und lauschten seinen Ausführungen.

◀ Der Schulmeister hält eine Rechenstunde. Mit dem Stock deutet er auf die rote Wachstafel.

Christine,

Lehrerin auf der Burg

▲ Christine de Pizan, dargestellt mit den Figuren aus ihrem *Buch der drei Tugenden*: Vernunft, Gerechtigkeit und Rechtschaffenheit.

Lehrerin im Palast des Herzogs von Burgund zu sein ist wahrlich kein Zuckerschlecken. Zu Beginn des fünfzehnten Jahrhunderts beauftragt der Herzog, bekannt auch unter dem Namen Johann Ohnefurcht, Christine mit der Erziehung seiner Tochter. Margarete ist elf Jahre alt. Sie ist bereits verlobt und soll sich innerhalb weniger Monate von einem frechen kleinen Gör in eine Hofdame verwandeln. Christine hat mit fünfzehn Jahren geheiratet und wurde mit fünfundzwanzig Witwe. Sie muss arbeiten, um ihre drei kleinen Kinder zu ernähren. Aber Christine ist sehr gebildet. Sie hat viel von ihrem Vater gelernt, der Astrologe* und Arzt am Hofe des französischen Königs ist. Ihre Mutter wollte, dass sie sich aufs Weben und Spinnen beschränkt wie alle Mädchen ihrer Zeit. Doch Christine hat sich schon immer mehr für Literatur, Geschichte und Philosophie begeistert.

Sie hat für ihre Prinzessin ein *Buch der drei Tugenden* geschrieben. Die drei Hauptfiguren – die Vernunft, die Gerechtigkeit und die Rechtschaffenheit – sollen Margaretes Vorbilder werden. Aber Christine verlangt noch viel mehr von Margarete. Sie legt einen Stundenplan fest und verbietet ihr strikt, anderen Leuten Streiche zu spielen – etwa Saubohnen auf die Treppe zu legen, auf denen sie ausrutschen.

Margarete hat ein volles Programm. Sie liest auf Französisch und kann immerhin so viel Latein, dass sie den

▲ Eines ihrer Bücher hat Christine für ihren Sohn Jean geschrieben.
Sie liest ihm in ihrem Arbeitszimmer daraus vor.

Text der Heiligen Messe* in ihrem Stundenbuch* versteht. Außerdem lernt sie etwas über Politik und Hauswirtschaft. Jede adlige Frau sollte ein Wirtschaftsbuch führen können und das Steuersystem verstehen. Denn für den Fall, dass ihr Gatte im Krieg oder auf Pilgerfahrt ist oder stirbt, muss sie das Landgut auch allein verwalten können. Auch wird von ihr erwartet, dass sie mit den einfachen Frauen Umgang pflegen kann, vor allem mit Bäuerinnen. Sie sollte ihnen Ratschläge erteilen können, beispielsweise für die Erziehung der Kinder oder in allgemeinen moralischen Fragen.

Abends fragt die Mutter Margarete ab. Nicht alle Herzoginnen geben sich so viel Mühe. Doch Christine ist das sehr wichtig, weil sie will, dass ihre Schülerin Fortschritte macht. Margarete lernt außerdem tanzen und anständiges Benehmen bei Tisch. Sie lernt, mit erhobenem Kopf, aber gesenktem Blick zu gehen, mit gemäßigter Stimme zu sprechen und vor allem nicht zu lachen. Lachen ist verpönt, weil die Damen ihre Zähne nicht zeigen sollen.

▼ Bei gutem Wetter liest die Lehrerin mit ihren beiden Schülerinnen draußen im Garten, um das Tageslicht auszunützen.

▲ Schach ist ein beliebtes Spiel am Hof. Man lernt dabei Strategie und Taktik. Vielleicht lernt man sogar seinen künftigen Ehepartner kennen!

In der Öffentlichkeit halten sich die Mädchen an diese Regeln, aber in ihrem Zimmer machen sie dann doch, was sie wollen. Sie erzählen sich beim Weben Geschichten, singen, malen und vergnügen sich mit allerlei Spielen: Besonders gern spielen sie mit Puppen und der Puppenküche, machen

Geschicklichkeitsspiele mit Knöchelchen, die sie hochwerfen und mit dem Handrücken wieder auffangen, oder sie spielen Schach gegen ihre Brüder.

Das Schachspiel dient vor allem dazu, die Kunst der Strategie und Taktik zu erlernen. Man erfährt dabei auch allerhand über Kriegsführung und über Politik, denn die Figuren stehen jeweils für einen Beruf oder eine Person am Hofe. Nicht zu vergessen das Kopfrechnen, das man mit den Feldern des Schachbretts üben kann. Weil die Mädchen auch gegen die Kameraden ihrer Brüder spielen, machen sie beim Schachspiel außerdem erste Erfahrungen mit dem anderen Geschlecht.

Auf der Burg erhalten Mädchen wie Jungen eine sorgfältige Erziehung und eine gründliche Ausbildung.

▶ Viele Kinder üben beim Geistlichen das Lesen. Aber nur die künftigen Mönche werden in der Musik ausgebildet, die Adligen im Kampf und angehende Buchmaler in der Kunst.

Lehrplan und Bücher

In der Winkelschule lernten die Schüler das Alphabet auswendig. Oft führte der Schulmeister jeden Buchstaben zuerst mit einem Spiel ein, damit sich die Kinder sie besser merken konnten. Der Buchstabe W etwa stand für »Würfelspiel«. Wenn sie das Alphabet konnten, lernten die Schüler lesen. Erst lasen sie zwei Buchstaben hintereinander (ba, be, bi), dann drei (bas, bes, bis), dann vier (bast, best, bist) und so weiter.

Auch Schüler, die kein Latein lernten, wurden meist anhand lateinischer Texte an das Lesen herangeführt. Die ersten Lesefibeln waren religiöse Bücher, etwa der Psalter*, also das biblische Buch der Psalmen, oder das Stundenbuch, ein Andachtsbuch mit Gebeten. Wenn die Kinder Gebete lasen, verstanden sie oft nicht, worum es darin ging. Bücher in deutscher Sprache gab es in der Schule nicht. Doch wenn die Schüler das Alphabet erst beherrschten, schrieben sie auch auf Deutsch. Eine einheitliche Rechtschreibung mussten sie allerdings nicht lernen, denn die gab es im Mittelalter noch nicht.

Viele Kinder lernten aber gar nicht schreiben. Das lag daran, dass beispielsweise die Bauern nie in die Verlegenheit kamen, etwas schreiben zu müssen. Nur Kirchenmänner,

Kaufleute und einige Handwerker mussten die Kunst des Schreibens beherrschen. Weil Pergament und Papier damals sehr teuer waren, übten die Schüler mit einem Stilus, also einem spitzen Stift, auf einer Wachstafel.

Kopfrechnen wurde mithilfe von Spielen gelehrt. Fürs Addieren nahm man beispielsweise kleine Kieselsteine. Zum Malnehmen warfen die Schüler Würfel und multiplizierten dann so schnell wie möglich die Punkte. Außerdem gab der Lehrer den Schülern kleine Aufgaben in Rätselform.

Wenn sie lesen, schreiben und rechnen konnten, war für die meisten Schüler die Ausbildung auch schon zu Ende. Weiterführendes Fachwissen wurde nur an den höheren Schulen und Universitäten unterrichtet. Die fortgeschrittenen Schüler lernten dort beispielsweise Geometrie* oder Werke griechischer Mathematiker wie Euklid und Pythagoras.

◄ Manche Studenten haben ein Notizbuch mit gewachsten Holzseiten. Sie beschreiben die Seiten mit dem Stilus, den sie in einem Etui verwahren.

▲ Ein Hochschullehrer im Geometrieunterricht. Mit dem Zirkel zeichnet er Figuren auf eine mit Gips beschichtete Holztafel.

In lateinischer Grammatik wurden lediglich die angehenden Priester, Richter, Notare und Ärzte unterrichtet. Dazu mussten sie die Lateinschule besuchen, aus der sich später das Gymnasium entwickelte. Dort dienten Grammatiken, zweisprachige Fabelsammlungen und andere lateinische Texte als Unterrichtsmaterial. Auch für die lateinische Sprache gab es im Mittelalter keine festgelegte Rechtschreibung.

Andere Fächer wurden nur von Privatlehrern unterrichtet: Das Fach Geschichte war den Kindern des Hochadels vorbehalten, Fremdsprachen den Kaufmannssöhnen, die bereits im Alter von dreizehn oder vierzehn Jahren mit ihrem Vater auf Handelsreisen gingen. Schon im Mittelalter gab es Wörterbücher, die Wörter und Redewendungen für

► Die Fabel »Der Rabe und der Fuchs« war im Mittelalter sehr beliebt. Die Kinder lesen sie auf Lateinisch und auf Deutsch.

alle Situationen enthielten. Junge Adlige, die nach England reisten, lernten allerdings nicht Englisch, sondern Französisch. Das lag daran, dass bis zum Ende des vierzehnten Jahrhunderts die Adligen in England nur Französisch sprachen, das auch in den Schulen gelehrt wurde. Trotzdem waren in einer Welt, in der sich alle gebildeten Menschen auf Latein verständigten, die Fremdsprachen nicht so wichtig. Die Adligen hatten lateinisch sprechende Sekretäre und Dolmetscher. Nur jüdische Kinder, die fast alle lesen und schreiben konnten, lernten oft zwei oder gar drei Fremdsprachen. Sie kamen als Diplomaten, Kaufleute und Pilger weit herum in der Welt.

Die Schulausbildung war im Mittelalter streng in verschiedene Stufen eingeteilt. Ein Schüler konnte erst mit dem Studium eines bestimmten Faches beginnen, wenn er sich ein Grundwissen zugelegt hatte. Voraussetzung für den Besuch der höheren Schule oder der Universität war natürlich, dass er sein Studium überhaupt bezahlen konnte. Die Kinder einfacher Leute genossen daher nur eine kurze Schulausbildung, angehende Priester und Mönche dagegen eine eher lange.

◄ Junge Leute lesen in der Bibliothek der Burg gemeinsam einen Abenteuerroman. Sie träumen davon, selbst eines Tages auf Reisen zu gehen.

Gerbert,

Geistlicher und Lehrer

◄ Kinder im zehnten Jahrhundert lernen, auf einem einfachen Horn zu spielen.

Schon als kleiner Junge wird Gerbert in der französischen Stadt Aurillac den Mönchen anvertraut. Er ist ihr begabtester Schüler. Ein Graf aus Spanien besucht das Kloster und beschließt, Gerbert mitzunehmen, damit er Mathematik lernen kann. An den Universitäten von Sevilla und Córdoba schöpft er aus dem reichen Wissen der islamischen* Welt.

Nach Abschluss seiner Studien kehrt Gerbert nach Frankreich zurück, wo er für sämtliche Schulen der Stadt Reims verantwortlich ist. Er lehrt Grammatik, antike Dichtung, Philosophie, Mathematik und Astronomie*.

Gerbert erfindet in dieser Zeit viele Hilfsmittel der Pädagogik*. So stellt er Kugeln aus Holz und Metall her, auf denen die Sternbilder dargestellt sind. Nachts beobachtet er mit seinen Schülern den Sternenhimmel. Auch setzt er den Abakus* ein, eine Rechentafel, und das Astrolabium*, mit dem man Winkelmessungen am Himmel vornehmen kann.

Später zieht Gerbert als Lehrer und Berater nach Italien an den Hof Kaiser Ottos III. Im Jahr 999 wird er als Silvester II. sogar zum Papst gewählt. Vier Jahre später stirbt Gerbert in Rom.

▲ Anhand dieser reich verzierten Tafel wurde Geometrie gelehrt. Das Teilgebiet der Mathematik befasst sich mit räumlichen und ebenen Gebilden.

Die Synagogenschulen

Sämtliche jüdische Kinder, die in Europa aufwuchsen, konnten lesen. Die Töchter lernten es zu Hause und die Jungen in der Synagoge*. In allen jüdischen Vierteln der Städte gab es solche Gotteshäuser. Eine Synagogenschule hatte nicht besonders viele Schüler, denn eine jüdische Gemeinde umfasste nur selten mehr als etwa hundert Gläubige. Die Juden waren überall in Europa eine Minderheit. Deshalb war ihnen besonders daran gelegen, ihre Kultur zu bewahren.

▲ Eine zweisprachige Wandtafel mit dem hebräischen und dem lateinischen Alphabet.

Ein jüdischer Knabe kam mit fünf oder sechs Jahren in die Schule. Dafür wurde er neu eingekleidet. Am ersten Schultag nahm der Vater seinen Sohn in die Arme und verbarg ihn ganz unter seinem Mantel. In der Synagoge angekommen, setzte er dem Lehrer das Kind auf die Knie. Die erste Unterrichtsstunde war ein wahres Vergnügen: Das Kind durfte eine Tafel abschlecken, die mit Honig bestrichen war. Unter dem Honig entdeckte es seine ersten Buchstaben. Anschließend gab es hart gekochte Eier, auf die Gebete geschrieben waren, und Plätzchen, die die Form hebräischer Buchstaben hatten. Diese Bräuche sollten den Schülern die Heilige Schrift im wahrsten Sinne des Wortes schmackhaft machen.

Die jüdischen Schüler wuchsen zweisprachig auf: Sie sprachen und lasen Hebräisch, aber auch die Sprache des Landes, in dem sie lebten. Der Rabbiner* unterrichtete in der Synagogenschule Kinder aller Altersklassen. Manche der älteren wussten schon fast so viel wie ihre Väter. Sie saßen auf dem Boden und sagten auswendig Psalmen auf. An der Wand hing eine ABC-Tafel mit dem lateinischen und dem hebräischen Alphabet. Eine Sanduhr regelte die Unterrichtszeit. Die Frau des Rabbiners bereitete das Essen

▼ Die jüdischen Knaben des Mittelalters besuchten die Synagogenschule, die vom Rabbiner geleitet wurde.

für die Schüler und Studenten zu. Sie brachte ihnen während des Unterrichts etwas zu trinken, besserte ihre Kleidung aus und schlug ihre Bücher in Stoff ein.

In der Synagoge mangelte es nicht an Büchern. Auch jeder jüdische Haushalt besaß mindestens ein Buch. Das war für die damalige Zeit außergewöhnlich.

Anders als die meisten christlichen Kinder gingen die jüdischen Knaben bis zum Alter von 18 oder 20 Jahren zur Schule. Es gab sogar richtige Lehrpläne, die den Altersstufen der Schüler angepasst waren: Mit zwölf Jahren beschäftigten sie sich mit der Bibel, mit vierzehn studierten sie Mathematik, Astronomie* und Ethik*. Mit sechzehn Jahren wandten sie sich der Logik* zu, der Lehre von den Gesetzen des Denkens. Für die achtzehnjährigen Schüler schließlich standen Naturwissenschaften auf dem Programm.

Während die Knaben die Synagogenschule besuchten, wurden die Mädchen von jüdischen Lehrerinnen unterrichtet. Oft war die Mutter auch so gebildet, dass sie ihre Töchter selbst unterrichten konnte. Sie brachte ihnen das Lesen und die Bräuche ihrer Religion bei. Dazu gehörte der Ablauf wichtiger Feste wie der des Passahfestes im Frühjahr, das an den Auszug aus Ägypten erinnert. Das Passahfest beginnt mit einem Gottesdienst in der Synagoge und dem Sederabend, einem Festmahl zu Hause. In den sieben Tagen, die das Fest dauert, darf kein gesäuertes Brot gegessen werden. Die Mädchen lernten bei der Mutter, wie man Matzen zubereitet, die hauchdünnen Fladenbrote aus ungesäuertem Teig.

▼ Die Schreibtafeln haben Löcher, in die man hineingreifen kann.

Lea,

die Tochter eines Rabbiners

Lea ist elf Jahre alt. Sie lebt Ende des zwölften Jahrhunderts in Köln. Die Synagogenschule darf sie nicht besuchen, denn ihr Vater, der Rabbiner, unterrichtet dort nur ihre Brüder und die anderen Jungen aus dem Viertel. Lea muss warten, bis er am Abend nach Hause kommt. Dann erteilt er auch ihr Unterricht. Wie die Jungen lernt Lea die Psalmen auswendig. Sie beherrscht sogar schon das hebräische Alphabet. Viele Frauen lesen Bücher in hebräischer Schrift. Manche übertragen die Texte sogar in die Sprache ihres Heimatlandes.

Zusammen mit ihrer Mutter bereitet Lea die traditionellen Gerichte für die jüdischen Feste zu, beispielsweise die Matzen für das Passahfest oder auch die Challa, einen Hefezopf, den es am Sabbat* und an Feiertagen gibt. Lea kümmert sich um ihre kleineren Brüder und Schwestern und lernt spinnen, weben, nähen und sticken.

Auch Leas sechsjährige Schwester kann schon ein paar Psalmen auswendig. Sie sitzt auf dem Boden zu Füßen ihres Vaters und lernt eifrig. Ihr Vater ist stolz auf seine Töchter. In den jüdischen Gemeinden erhalten alle Kinder Unterricht, Jungen wie Mädchen. In christlichen Familien dürfen die Mädchen dagegen häufig nicht einmal lesen lernen.

39

◀ Matze, ein ungesäuertes Fladenbrot

▲ Das jüdische Mädchen hält ein Buch in der Hand. Jede Familie besitzt mindestens ein Buch.

▲ Die meisten jüdischen Mädchen lernen das Lesen zu Hause bei der Mutter.

▼ Ein Schüler, der seine Lektion nicht gelernt hat, wird vom Schulmeister mit der Birkenrute geschlagen.

Strafen und Belohnungen

Schüler, die ihre Aufgaben nicht gemacht hatten, mussten Strafen über sich ergehen lassen. Oft wurden sie vom Schulmeister geschlagen. Im Mittelalter glaubten die Menschen, dass sich Schläge positiv auf den Geist eines Schülers auswirken. Das ging so weit, dass Erwachsene einem Kind bei einem denkwürdigen Ereignis eine Ohrfeige verpassten, damit es sich sein ganzes Leben lang daran erinnerte. Manche Schulmeister züchtigten die Kinder sogar mit der Birkenrute* oder der Klopfpeitsche*. Vom Lehrer einer Klosterschule, der im zwölften Jahrhundert lebte, wird berichtet, er habe die

Der gute Schüler wird gelobt, der schlechte gezüchtigt.

schlechten Schüler an den Ohren gepackt und geschüttelt. Anschließend habe er ihnen eine so starke Ohrfeige gegeben, dass es sogar den anderen Kindern in den Ohren schallte!

Nicht alle Kinder wurden geschlagen. Ein anderer Schulmeister, Anselm, war der Meinung, dass Schläge die Leistungen der Kinder nur noch verschlechterten. Denn Kinder seien wie Bäume: Man dürfe keinen Zwang auf sie ausüben, sonst wüchsen sie schief. Im dreizehnten Jahrhundert riet ein Fachmann, die Kinder nur Lehrern anzuvertrauen, die in ihrem Unterricht ohne Schläge auskamen und keinen Zwang auf die Kinder ausübten.

Auch wenn nicht jeder sie benutzte, so besaßen doch fast alle Schulmeister als Zeichen ihrer Autorität eine Rute oder Klopfpeitsche. Viele versohlten damit den Kindern den Hintern, hüteten sich jedoch, sie blutig zu schlagen. Im dreizehnten Jahrhundert verboten die höheren Schulen jegliche Gewalt gegen Schüler. Ein Lehrer, der einem Schüler einen Knochen gebrochen hatte, wurde von einem Gericht dafür verurteilt. Die Eltern sahen es nicht gern, wenn man ihre Sprösslinge allzu häufig schlug. Viele wechselten die Schule oder den Lehrer, wenn er ihnen missfiel.

Gegen Ende des Mittelalters herrschte zwischen den Winkelschulen eine so starke Konkurrenz, dass die Schulmeister mit ihrer Güte warben, um Schüler anzulocken. Auf einer Werbetafel war zu lesen: »In dieser guten Stadt gibt es einen Schulmeister, der euch mit Milde unterrichtet.«

Der Lehrer droht seinen Schülern Prügel an.

► Mit der Maske des schwarzen Mannes und dem Stock in der Hand macht der Schulmeister einem ungehorsamen Schüler Angst.

Viele Schulmeister griffen auch zu Drohungen. Sie warnten faule und freche Schüler, der schwarze Mann werde sie bei lebendigem Leib verschlingen. Um den Schülern Angst einzujagen, zogen sich die Lehrer eine furchterregende, zähnefletschende Fratzenmaske über. Solche Masken waren auch in vielen Familien und höheren Schulen in Gebrauch.

Natürlich dachten sich die Schüler Tricks aus, wie sie den Schlägen entkommen konnten. Wenn ein Schüler vom Lehrer abgefragt wurde und die Antwort nicht gleich wusste, begann er zu husten. So gewann er Zeit und konnte sich die richtige Antwort in Ruhe überlegen. Aber natürlich kamen die Lehrer ihren Schülern auf die Schliche und ließen sich nicht an der Nase herumführen. Manche Schüler rächten sich auch an ihren Lehrern. Sie verprügelten sie, schnitten ihnen im Schlaf den Bart ab oder steckten gar die Schule in Brand.

Vor allem die Eltern belohnten ihre Sprösslinge für gute Leistungen. Sie schenkten ihnen Gebäck oder auch ein Schmuckstück mit einem eingravierten Spruch. Die Kinder des Hochadels bekamen Bücher mit wunderschönen Bildern.

Johann,
ein schlechter Schulmeister

Johann ist 25 Jahre alt und wird von seinen Schülern nicht ernst genommen. Der Bürgermeister hat ihn wegen seiner guten Zeugnisse eingestellt. Doch im vierzehnten Jahrhundert reicht ein Zeugnis nicht mehr aus, um sich bei den Kindern Respekt zu verschaffen.

Johann unterrichtet eine Klasse von fast 40 Schülern. Die Knaben sind im Durchschnitt vierzehn Jahre alt und machen lieber Würfelspiele, statt zu arbeiten. Viele stören andauernd den Unterricht. Wenn Johann Strafen ankündigt, drohen ihm die Rotzbengel, mit ihren Griffeln nach ihm zu werfen.

Die Eltern verfassen eine Bittschrift. Nachdem alle unterschrieben haben, legen sie die Schrift dem Bürgermeister vor. Sie haben die Nase voll von dem unfähigen Schulmeister und verlangen, dass man ihn vor die Tür setzt. Immerhin zahlen sie für die Schule.

Johann ist verzweifelt. Er sammelt am Fluss Birkenzweige, aus denen er eine Rute bindet. Damit will er seine schlimmsten Schüler züchtigen. Doch auch mit härteren Strafen kann sich Johann nicht durchsetzen. Ihm fehlt einfach die Autorität, die ein Lehrer braucht. Der Bürgermeister kündigt ihm und stellt einen besseren Lehrer an.

◀ Ein schlechter Schulmeister wird von seinen Schülern bestraft. Sie haben ihm die Kleider ausgezogen und schlagen ihn mit der Birkenrute.

43

▶ Am Dreikönigsfest schneidet der Vater den Kuchen auf. Das Kind unter dem Tisch teilt den Familienmitgliedern die Stücke zu.

Ferien, Feiertage und Feste

Im Mittelalter arbeiteten die Menschen sechs Tage in der Woche. Am Sonntag besuchten sie die Messe*, die mehrere Stunden dauern konnte. Da es nur wenig Abwechslung im Alltag gab, waren Feste sehr wichtig. Die Feiertage machten fast ein Drittel des Jahres aus.

Über einen Feiertag, nämlich den 6. Dezember, freuten sich die Kinder ganz besonders. Einer Legende nach soll der Heilige Nikolaus drei ermordete Schüler wieder zum Leben erweckt haben. So wurde er zum Schutzpatron der Schüler und Studenten. Die Kinder begingen diesen Tag daher auch in der Schule. Besonders gern ärgerten sie ihren Lehrer oder spielten Würfel – eine Vergnügung, die von der Kirche verboten war. Die Studenten verließen das Universitätsgebäude und tanzten auf der Straße. Sie zogen durch die Stadt

◀ Der heilige Nikolaus mit kleinen Kindern

und veranstalteten Theateraufführungen unter freiem Himmel. In den Klosterschulen wählten die Schüler einen Kinderbischof, der einen Tag lang im Einsatz war und bischöfliche Gewänder anlegte. Mitten im Gottesdienst platzten er und seine Anhänger in die Kirche und unterbrachen die laufende Predigt. Der Kinderbischof übernahm nun das Wort und stellte den Erwachsenen unangenehme Fragen. Anschließend ritt er auf einem Pferd durch die Straßen und beschenkte arme Kinder. Im Lauf des Mittelalters entwickelte sich auch der Brauch, dass der Nikolaus zu den Kindern nach Hause kam und überprüfte, ob sie das Jahr über brav und fleißig gewesen waren. Erst viele Jahre später entstand die Figur des Knechts Ruprecht, der am 6. Dezember die Kinder gemeinsam mit dem Nikolaus besucht und für unartige Kinder Ruten verteilt.

Der Dezember war für die Kinder der abwechslungsreichste Monat im ganzen Schuljahr. An einem Tag zwischen Mitte Dezember und Anfang Januar – er war von Stadt zu Stadt unterschiedlich – wurde das Narrenfest gefeiert. An diesem Tag durften sich die Chorknaben und Schüler der Domschulen, die gewöhnlich zu strengem Gehorsam verpflichtet waren, einmal richtig austoben.

Die Welt stand kopf: Die Lehrer nahmen den Platz der Schüler ein, und die Schüler schlüpften in die Rolle der Lehrer. Die Kinder tobten sich aus und vergaßen einen Tag lang die Mühsal des Lernens. Sie tanzten im Dom und entführten manchmal sogar den Bischof. Das Fest wurde so ausgelassen gefeiert, dass es Mitte des fünfzehnten Jahrhunderts verboten wurde. Es war aber so beliebt, dass das Verbot keine große Wirkung zeigte.

Am 28. Dezember feierten die Schüler den »Tag der unschuldigen Kinder« und gedachten der neugeborenen Knaben, die im Auftrag von König Herodes nach der Geburt des Jesuskindes getötet worden waren. Während dieser Stunden war jegliche Gewalt untersagt. Nicht einmal die Ritter durften Krieg führen. Oftmals wurde auch an diesem Tag ein Kinderbischof gekürt.

Mit dem Dreikönigsfest am 6. Januar endeten die Feierlichkeiten rund um die Geburt Christi. Der Brauch, dass die Kinder an diesem Tag als Sternsinger durch die Stadt ziehen, entstand wohl erst im sechzehnten Jahrhundert.

45

▶ Am 1. Mai schenken die jungen Männer den Mädchen blühende Zweige, um die Wiederkehr des Frühlings zu feiern.

Neben den Feiertagen gab es auch Schulferien. Allerdings mussten die meisten Kinder in dieser Zeit arbeiten. In den ländlichen Winkelschulen waren die Sommerferien vor allem dafür gedacht, dass die Bauernkinder bei der Ernte und der herbstlichen Weinlese helfen konnten. Aus diesem Grund dürfen sich Schülerinnen und Schüler im Sommer noch heute auf die »großen Ferien« freuen. Die Studenten kehren an vielen Universitäten sogar erst im Oktober zum Studium zurück.

▲ Am »Tag der unschuldigen Kinder« dürfen die Erwachsenen nicht Krieg führen.

▲ Auf einem Bauernfest schlägt ein kleiner Junge eine Trommel. Die Erwachsenen tanzen zur Musik.

Friedrich,
der kleine Narr

◀ Ein verkleidetes Kind schwingt einen Blasebalg mit Glöckchen.

Nach der Rede ziehen die Domschüler durch die Stadt. Die Leute lieben diese Festtage, an denen sich die Jungen als Narren und als Mädchen verkleiden. Die ganze Welt steht kopf!

Auch Friedrichs kleiner Bruder Eckehard feiert mit. Er zieht das rot-grüne Narrenkostüm an, auf das seine Mutter Glöckchen genäht hat. Sogar ein Feuer spuckender Drache ist auf dem Festumzug dabei! Er gefällt Friedrich und Eckehard am besten. Am Ende des Festtags tanzen alle Knaben auf der Straße und führen für die kleinen Kinder ein Pferdekarussell durch die Stadt.

Das ganze Jahr über hat sich Friedrich auf diesen Tag gefreut. Es ist der 28. Dezember, der »Tag der unschuldigen Kinder«. Der zwölfjährige Friedrich besucht eine Domschule. Er ist ein gewissenhafter und gehorsamer Schüler. Aber heute haben die Kinder das Sagen! Friedrich ist von seinen Schulfreunden zum Kinderbischof gewählt worden. Er trägt eine Mitra, die Kopfbedeckung des Bischofs. Der Bischof hält sich heute im Hintergrund. Er ist bereit, die Späße seiner Schüler mitzumachen, sagt brav das Alphabet auf und ruft wie ein Esel »iah«.

Der kleine Bischof für einen Tag verlässt würdevoll den Dom und klettert auf ein Podest. Seine Kameraden verbrennen alte Schuhe, damit es wie Weihrauch aussieht. In einem komischen Kauderwelsch-Latein hält Friedrich eine Rede an die Menschenmenge. Mit seinen ulkigen Faxen und Grimassen bringt er sein Publikum zum Lachen.

◀ An den Festtagen dürfen die Kinder ausgelassen feiern.

Glossar

Abakus: Rechenbrett mit Stäben, auf denen Kugeln verschoben werden können.

Analphabet: Jemand, der nicht lesen und schreiben kann.

Astrolabium: Kugel- oder scheibenförmiges Gerät zur Winkelmessung am Himmel.

Astrologe: Sterndeuter.

Astronomie: Stern- und Himmelskunde.

Birkenrute: Bündel aus Birkenzweigen, mit dem Schüler geschlagen wurden.

Buchdruck: Verfahren zum Druck von Büchern, für das bewegliche Lettern verwendet werden, also einzelne Buchstaben und Schriftzeichen aus Metall. Erfunden wurde er um 1450 von Johannes Gutenberg.

Burse: Eine Art Internat, in dem begabte Studenten kostenlos aufgenommen wurden (siehe auch *Kollegium*).

Ethik: Lehre vom sittlichen Verhalten des Menschen.

Fakultät: Abteilung einer Universität.

Frühmittelalter: Die Zeit von etwa 500 bis 1000 nach Christus.

Geometrie: Teilgebiet der Mathematik, das sich mit räumlichen und ebenen Gebilden befasst.

Griffel: Spitzer Stift, mit dem man auf Schiefertafeln schrieb.

Hochmittelalter: Die Zeit von etwa 1000 bis 1250 nach Christus.

Islam: Religion, die auf die Verkündigung des arabischen Propheten Mohammed zurückgeht.

Jura: Rechtswissenschaft.

Klopfpeitsche: Strafinstrument mit mehreren Lederriemen.

Kollegium (Mehrzahl Kollegien): Eine Art Internat, das begabte Studenten kostenlos aufnahm und ihnen auch Kost und Unterkunft bot (siehe auch *Burse*).

Lateinschule: Höhere Schule, an der Latein unterrichtet wurde und die die Schüler auf das Priestertum oder ein späteres Hochschulstudium vorbereitete. Aus der Lateinschule entwickelte sich im fünfzehnten Jahrhundert das Gymnasium.

Logik: Lehre von der Beschaffenheit und den Gesetzen des Denkens. Als Begründer der Logik gilt der antike griechische Philosoph Aristoteles.

Messe: Katholischer Gottesdienst. Im Mittelalter wurde die Messe in lateinischer Sprache gehalten, die fast kein Kirchgänger beherrschte.

Mittelalter: In Europa die Jahrhunderte zwischen der Antike (Altertum) und der Neuzeit von etwa 500 bis 1500 nach Christus.

Novize: Knabe, der sich im Kloster auf das Mönchsgelübde vorbereitet.

Pädagogik: Wissenschaft von der Erziehung und Bildung.

Pergament: Enthaarte und geglättete Tierhaut zum Beschreiben.

Psalter: Biblisches Buch der Psalmen.

Rabbiner: Jüdischer Schriftgelehrter, Geistlicher und Lehrer.

Sabbat: Jüdischer Ruhetag, der von Freitagabend bis Samstagabend dauert.

Spätmittelalter: Die Zeit von etwa 1250 bis 1500 nach Christus.

Stilus: Spitzer Stift aus hartem Material, mit dem man in Wachs ritzte. Mit dem abgeflachten Ende wurde das Wachs anschließend wieder geglättet.

Stundenbuch: Gebets- und Andachtsbuch der katholischen Kirche.

Synagoge: Jüdisches Gotteshaus.

Theologie: Wissenschaftliche Lehre von der Religion.

Universität: Hochschule. Sie ist gegliedert in verschiedene Fakultäten.

Winkelschule: Auch Heck- oder Klippschulen genannt. Sie waren kostenpflichtig. Die Schüler lernten dort lesen, schreiben und rechnen.

BILDNACHWEIS

Alle Fotos © Bibliothèque Nationale de France, außer: S. 8, S. 47 oben und unten © Österreichische Nationalbibliothek; S. 12 oben © Bibliothèque Municipale de Lyon, Cliché BML, Didier Nicole; S. 12 unten © Bibliothèque de l'Arsenal, Paris, Cliché BNF; S. 13 © Cathédrale de Chartres; S. 14 oben © Bibliothèque de l'Arsenal, Paris, Cliché BNF; S. 15 unten © Musée de Cluny, Paris; S. 18 unten (Tafel) © Musée archéologique de Guiry-en-Vexin; S. 19 oben © Bibliothèque Municipale de Lyon, Cliché BML, Didier Nicole; S. 22 © Bibliothèque Municipale, Avignon; S. 24 © Archives Nationales, Paris; S. 27 © The Pierpont Morgan Library, Art Resource, New York; S. 34 oben © Bibliothèque Municipale de Lyon, Cliché BML, Didier Nicole; S. 39 oben © Le Prato; S. 44 oben © Musée Condé, Chantilly, Cliché Giraudon; S. 44 unten © Bibliothèque Municipale de Lyon, Cliché BML, Didier Nicole

Bibliografische Information Der Deutschen Nationalbibliothek
Die Deutsche Nationalbibliothek verzeichnet diese Publikation in der Deutschen Nationalbibliografie; detaillierte bibliografische Daten sind im Internet unter http://dnb.d-nb.de abrufbar.

Titel der Originalausgabe: *La vie des écoliers au Moyen Âge*
Erschienen bei Éditions de La Martinière SA, Paris 2005
Copyright © 2000/2005 Éditions de La Martinière SA, Frankreich

Deutsche Erstausgabe
Copyright © 2008 von dem Knesebeck GmbH & Co. Verlags KG, München
Ein Unternehmen der La Martinière Groupe

Gestaltung: Isabelle Southgate und Fabian Arnet
Umschlaggestaltung: Gudrun Bürgin
Satz: satz & repro Grieb, München
Druck: Proost, Turnhout
Printed in Belgium

ISBN 978-3-89660-454-5

www.knesebeck-verlag.de